Powerbeads

Maria May

Power beads
Die Macht der Steine

Die Informationen in diesem Buch sind von Autorin und Verlag nach bestem Wissen und Gewissen sorgfältig erwogen und geprüft. Autorin und Verlag übernehmen keinerlei Haftung für etwaige Personen- oder Sachschäden, die sich aus Gebrauch oder Missbrauch der in diesem Buch aufgeführten Anleitungen ergeben.

Die deutsche Bibliothek – CIP-Einheitsaufnahme

May, Maria:
Powerbeads: Die Macht der Steine / Maria May. – Köln: vgs, 2000
ISBN 3-8025-2759-3

S. 8: Marcel-Sipa-Press, Paris; S. 13, 21: Hendric Wehr, Oberschleißheim; S. 29, 30, 31, 32, 36, 39, 40, 44, 47, 51, 52, 55, 56, 59, 62: Joachim Burow, Köln; S. 35, 43, 48, 60: Universität Köln, Mineralogisches Museum; Grafik S. 19: red.sign, Stuttgart.
Alle übrigen Bilder: Cornelis Gollhardt, Köln/ Stephan Wieland, Düsseldorf.

Wir danken der Firma Litharion, Köln für das Überlassen der Schmucksteine zum Fotografieren auf den Seiten 47, 51 und 62.

Umschlagfoto: Cornelis Gollhardt, Köln / Stephan Wieland, Düsseldorf
Redaktion: Stefanie Koch
Produktion: Angelika Rekowski
Umschlaggestaltung: Sens, Köln
Layout und Satz: red.sign, Stuttgart
Druck und Verarbeitung: Kösel, Kempten (www.koeselbuch.de)
Printed in Germany
ISBN 3-8025-2759-3

**Besuchen Sie unsere Homepage im
www: http://www.vgs.de**

Inhaltsverzeichnis

Die **Kraft** der heilenden Steine –

Als Madonna mit einem Rosenquarz-Armband in der Öffentlichkeit erschien, löste sie einen wahren Trend aus. Die kleinen Perlen aus Halbedelsteinen, in Amerika als Powerbeads, also Kraft-Bänder, bekannt, werden mittlerweile von Millionen von Menschen auf der ganzen Welt getragen!

So neu wie die Powerbeads uns heute erscheinen, sind sie keineswegs. Seit Jahrhunderten kennt man ihre belebende, schützende und oft auch heilsame Wirkung. Diese beruht auf der Auswahl und Zusammensetzung der einzelnen Steine, aus denen die Powerbeads bestehen.

Viele Naturvölker erkennen in Edel- oder Halbedelsteinen magische Kräfte und tragen sie zur Abwehr von Krankheiten oder zum Schutz gegen böse Mächte. Aber auch in unserem europäischen Kulturkreis ist die Kenntnis der Heilwirkung verschiedener Steine bereits sehr alt. Ein gutes Beispiel dafür sind die Werke der im Deutsch-

Madonna ist – wen überrascht es – im Sternbild des Löwen geboren. Darum trägt sie Powerbeads aus Bergkristall und aus Tigerauge. Im harten Showgeschäft ist sie besonders mit dem Tigerauge gut beraten, denn er stärkt ihre Konzentrationsfähigkeit bei Auftritten und schärft die Wachsamkeit gegenüber Geschäftspartnern.

land des 12. Jahrhunderts lebenden Nonne und Heilerin Hildegard von Bingen. Um etwa 1154 schrieb sie ein in der Medizin heute noch Beachtung findendes Werk namens Physica, in dem sie unter anderem die verschiedenen Behandlungsmöglichkeiten mit Edelsteinen erläuterte. So schreibt schon Hildegard etwa dem Bernstein heilende Wirkung bei Magenbeschwerden zu und rät bei Erkältungen zur Verwendung des Jaspis.

Welches Powerbead für welchen Zweck?

Powerbeads sind Arm- oder Halsketten aus Steinen – genauer gesagt aus Halbedelsteinen.

Die riesige Auswahl an unterschiedlichen Powerbeads macht es gar nicht so einfach, das richtige Powerbead für Ihren Zweck zu finden.

Jeder Stein, den Sie kaufen, entfaltet nämlich ein großes Spektrum unterschiedlicher Wirkungen auf Körper, Geist und Seele, über die Sie auch Bescheid wissen sollten.

Welches Powerbead für welchen Zweck?

Die Wirkung der verschiedenen Powerbeads einfach nur mit wenig tiefschürfenden Bezeichnungen wie „Glück und Liebe", „Erfolg" oder „Geld und Reichtum" zu beschreiben, ist also eigentlich nicht richtig. Zustande gekommen sind diese etwas missverständlichen Bezeichnungen, weil die Schöpferin der Powerbeads, Zoe Metro, diesen bestimmte Namen gab, um ihre vielfältige Wirkung auf den Punkt zu bringen.

Hier sehen Sie zum Beispiel eines der sicherlich meistgetragenen Powerbeads, das aus zweiundzwanzig Aventurinperlen besteht und den Namen „Erfolg" trägt. Aber dass der wunderschöne grüne Aventurin noch weitere Eigenschaften hat, als Ihnen „nur" Erfolg zu bringen, geht bei dieser Namensvergabe leider einfach unter!

Das oft als meergrün beschriebene Aventurin-Powerbead wirkt entspannend und zugleich revitalisierend. Es fördert die Selbstbestimmung und die Fähigkeit, die Verwirklichung von Träumen in Angriff zu nehmen. Aus diesem Grund bekam es auch den Namen „Erfolg".

Wir haben darum für jedes Powerbead bzw. für jeden Stein eine Liste der Wirkungen zusammengestellt, die sie auf ihre Träger haben. Und damit die Orientierung leichter fällt, finden Sie zu jedem Powerbead auch die Bezeichnung, unter der es im Laden angeboten wird.

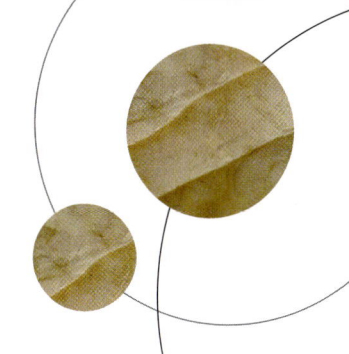

Woher kommt die
Heilkraft
der Steine?

Was steckt dahinter?

Unsere Vorfahren glaubten ganz einfach an die eigentümlichen Wirkungen verschiedener Steine, ohne sie zu hinterfragen.

Im Alltag nutzten sie diesen festen Glauben ganz selbstverständlich und stellten ihre Werkzeuge je nach Zweck aus ausgewählten Steinen her. Messer für kultische Zwecke wurden aus ganz anderen Steinen gearbeitet als die normalen „Haushaltsmesser".

Die Frage nach der exakten und vor allem wissenschaftlich nachweisbaren Wirkung von Steinen ist nicht einfach zu beantworten. Sie bleibt für uns auch heute noch weitgehend ein Mysterium. Aber wer weiß, vielleicht wollen die Steine ihr Geheimnis einfach für sich behalten? Einen Versuch wollen wir hier aber dennoch wagen und einigen Ansatzpunkten für unsere Suche nachgehen. Denn zwei wirklich wichtige Zusammenhänge zwischen Stein und Wirkung auf uns kennen wir.

Steine und Farben

Ein wichtiger Aspekt, wenn es um die Beurteilung der Wirkung von Steinen geht, ist die Farbe. Vielleicht haben Sie ja auch schon einmal von der sogenannten Farblehre gehört. Sie ist keine moderne Erfindung, denn schon die Menschen der Antike kannten die Wirkung der Farben auf unseren Organismus und beschrieben ihn in zahllosen wissenschaftlichen Werken. Aber was machen Farben denn nun mit uns? Ganz einfach: Manche Farben wirken anregend, andere entspannend und wieder andere erotisierend.

Sie kennen das sicherlich aus Ihrem Alltag – in einem Raum in vorwiegend milden, gedämpften Farbtönen fällt es Ihnen viel leichter, sich zu entspannen. In einem Raum mit gelb gestrichenen Wänden und knallroten Möbeln werden Sie sich dagegen eher dynamisch und aktiv fühlen.

Ohne dass Sie sich damit wirklich bewusst beschäftigt haben, werden Sie Ihr Schlafzimmer also sehr wahrscheinlich in harmonischen, ruhigen Tönen gestrichen haben.

Genauso wirken die Farben der Steine auf unseren Organismus. Licht wirkt hier als Auslöser, denn es bricht sich in einem Stein, wird von ihm reflektiert und beeinflusst uns auf diese Weise sozusagen auf direktem Wege über unsere Augen.

Die nachfolgende Tabelle zeigt, natürlich stark vereinfacht, die Wirkung der vier Grundfarben auf unser Befinden:

Diese Farbe...	... wirkt so auf uns
Rot	anregend, aktivierend, dynamisierend, erotisierend
Grün	harmonisierend, revitalisierend
Blau	ermutigend, befreiend, entspannend
Gelb	anregend, stärkend, belebend

Der Stein und die Physik

Steine stehen auch in physikalischer Verbindung mit unserem Körper. Genauso wie unser eigener Körper bestehen Steine nämlich auch aus Atomen.

Diese kleinen Elemente sind der Baustoff aller Materie und ständig in Bewegung. Auch wenn uns ein Stoff fest vorkommt – seine Atome „arbeiten" sozusagen, und das tun sie in einem für jeden Stoff unterschiedlichen, genau festgelegten Muster.

Dieses Schwingungsmuster ist auch bei allen Steinen unterschiedlich – ein Aventurin schwingt völlig anders als ein Rosenquarz, und ein Türkis hat wiederum ganz andere Schwingungen als ein Mondstein.

Was die Schwingungen der Steine nun interessant macht, ist, dass sie die Schwingungen der Atome unseres eigenen Körpers beeinflussen. Eigentlich könnte man also sagen: Die Steine bringen uns zum Schwingen!

Und da jeder Stein anders schwingt, ist auch die Wirkung dieser Schwingungen von Stein zu Stein unterschiedlich.

Die Sterne lügen nicht

Wenn Sie Ihr Horoskop kennen, wissen Sie auch, welche körperlichen Anfälligkeiten die Sterne Ihnen mitgegeben haben. Wenn man den Astrologen glaubt, leiden beispielsweise die im Zeichen des Steinbocks Geborenen häufig an Hautproblemen, während etwa Stiere anfällig für Halsinfektionen sind. Natürlich leidet deshalb nicht jeder im Krebs geborene Mensch automatisch etwa an Magenbeschwerden usw.

Zu diesem Sternzeichen...	... passen diese Steine besonders gut
Wassermann	*Goldfluss, helle Jade, Onyx*
Fisch	*Goldfluss, Türkis*
Widder	*Amethyst, Goldfluss, Hämatit, roter Jaspis, Perlmutt*
Stier	*Goldfluss, Perlmutt, Rosenquarz*
Zwilling	*Goldfluss, Perlmutt, Tigerauge*
Krebs	*Aventurin, Goldfluss, helle Jade, Perlmutt, Rosenquarz*
Löwe	*Bergkristall, Goldfluss, Perlmutt, Tigerauge*
Jungfrau	*Blauquarz, Dumortierit, Goldfluss, helle Jade, Perlmutt, Tigerauge*
Waage	*Goldfluss, helle Jade, Perlmutt, Schneeflockenobsidian*
Skorpion	*Goldfluss, Hämatit, Katzenauge, Perlmutt*
Schütze	*Amethyst, Aventurin, Goldfluss, Lapislazuli, Perlmutt, Rosenquarz, Sodalith*
Steinbock	*Goldfluss, Onyx, Perlmutt*

Überraschend ist aber die Tatsache, wie häufig die im Sternzeichen angelegten „Schwachstellen" tatsächlich zutreffen. Und genau hier setzt die Wirkung der Steine ein. Weil ja jeder Stein nun mal seine ganz eigene Wirkung auf den Körper hat, lassen sich – entsprechend der aus dem Sternzeichen bekannten Anfälligkeiten – jedem Sternzeichen besonders wirkungsvolle Steine zuordnen, die für einen Ausgleich sorgen.

Der Stein und das Chakra

Vielleicht haben Sie den Begriff „Chakra" ja schon einmal gehört – wenn auch sicher noch nicht im Zusammenhang mit Powerbeads.

Der Begriff Chakra kommt aus dem Indischen und bedeutet Rad – im übertragenen Sinne könnte man auch vom „Lebens-Rad" sprechen.

Ursprünglich stammt die Lehre der Chakren aus dem asiatischen Raum und besagt, dass unser Körper durch einen Kreislauf verschiedener Energien im Gleichgewicht gehalten wird. Diese Energien bündeln sich an sieben verschiedenen Punkten des Körpers – eben den Chakren.

Jedes dieser Chakren ist für bestimmte Teile unseres Körpers verantwortlich und lässt sich, so sagt es uns die Chakren-Lehre, von außen recht gut beeinflussen. Ein altbekanntes Mittel hierzu sind verschiedene Halbedelsteine, die ihre Energie auf die Chakren wirken lassen.

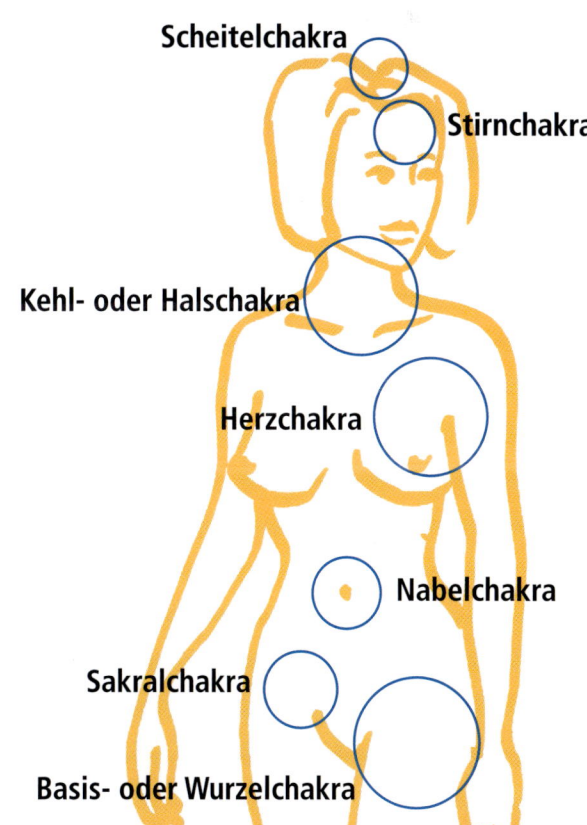

Scheitelchakra

Stirnchakra

Kehl- oder Halschakra

Herzchakra

Nabelchakra

Sakralchakra

Basis- oder Wurzelchakra

Dieses Chakra...	... hat diese Aufgabe
Scheitelchakra	*Das Scheitelchakra ist für die Zirbeldrüse im Gehirn verantwortlich, über die zum Beispiel unser Wachstum gesteuert wird.*
Stirnchakra	*Das Stirnchakra liegt genau zwischen unseren Augenbrauen und ist vor allem für Augen und Nase verantwortlich. Weil das Stirnchakra auch als „drittes Auge" bezeichnet wird, gilt es als wichtiges Chakra für unser emotionales Erkennen und Verstehen.*
Kehl- oder Halschakra	*Das Halschakra hat seinen Platz in der Höhe des Kehlkopfes und ist unter anderem für ein sehr wichtiges Organ – die Schilddrüse – verantwortlich. Ebenfalls in den „Einflussbereich" des Halschakras fallen der Mund und die Ohren.*
Herzchakra	*Das Herzchakra ist, wie bereits sein Name verrät, für unser Herz-Kreislauf-System verantwortlich. Eine „Nebenaufgabe" des Herzchakras ist unser Immunsystem.*
Nabelchakra	*Das Nabelchakra sitzt in Höhe des Solarplexus, dem Knorpel, mit dem unser letzter Rippenbogen verbunden ist. Durch seine zentrale Lage beeinflusst es Magen, Milz und Leber, die Bauchspeicheldrüse und die Gallenblase.*
Sakralchakra	*Das Sakralchakra hat seine Position etwa auf Höhe des Schambeins und ist für die Nebennierenrinde verantwortlich, die wiederum u. a. für die Bildung der Sexualhormone zuständig ist.*
Basis- oder Wurzelchakra	*Das Wurzelchakra schließlich hat seinen Sitz sprichwörtlich an der Wurzel – es sitzt zwischen den Geschlechtsorganen und dem Steißbein. Körperlich ist es für Knochen, Nägel und Zähne verantwortlich – auf emotionaler Ebene steuert es unsere erotischen Empfindungen.*

Um Ihre Chakren mit Hilfe von Steinen positiv zu beeinflussen, müssen Sie lediglich den jeweiligen Stein auf das gewünschte Chakra auflegen und dort einige Zeit einwirken lassen.

Haben Sie ihr Powerbead eine Zeit lang getragen und seine Wirkung kennen gelernt, gehen Sie einfach in einen der zahlreichen Edelsteinläden. Dort gibt es sogenannte Chakra-Scheiben oder Stein-Donuts. Diese Scheiben oder Donuts sind nichts anderes als sehr flach und manchmal linsenförmig geschliffene Steine, die man besser als Kugeln auf die entsprechenden Körperstellen auflegen kann. Und wenn Sie eine Chakra-Scheibe für ein paar Stunden oder unterwegs tragen möchten, kleben Sie sie einfach mit einem Stückchen Heftpflaster über dem Chakra fest.

Was Powerbeads nicht können

Die Steine Ihres Powerbeads können viel – aber sie haben auch ihre Grenzen.

Zur Vorbeugung von Erkrankungen und zur Wiedergewinnung des körperlichen, seelischen und emotionalen Gleichgewichts eignen sie sich hervorragend. Offenkundige organische oder psychische Unregelmäßigkeiten müssen aber immer von

Ihrem Arzt untersucht und behandelt werden. Powerbeads sind keine Arznei zur Behandlung von Erkrankungen, sondern immer nur als ergänzende und unterstützende Therapie für den Heilungsprozess anzuwenden.

So werden Powerbeads richtig angewandt und gepflegt

Die Anwendung der Powerbeads braucht keine langwierige Erklärung – Sie tragen sie einfach am Handgelenk oder Hals. Wie alle Steine entfalten aber auch die Powerbeads ihre Wirkung nur sehr behutsam und müssen deshalb regelmäßig getragen werden.

Übrigens: Die meisten Powerbeads, die in diesem Buch beschrieben werden, gibt es auch als Halsketten. Bei allen Steinen, die auf dem Halschakra angewandt werden sollen, erzielen Sie mit einer Halskette natürlich die besten Effekte!

Erwarten Sie also bitte keine schlagartig eintretenden Resultate – geben Sie den Steinen und sich selbst Zeit. Lassen Sie die Steine „arbeiten" und denken Sie vor allem nicht ständig daran, jetzt doch endlich eine Wirkung sehen zu wollen!

Auch wenn die Powerbeads relativ unempfindlich und robust sind, sollten Sie ein paar wenige Reinigungs- und Pflege-Tipps berücksichtigen:

Nehmen Sie Ihr Powerbead ab, bevor Sie ins Wasser gehen, denn das Gummiband wird sonst leicht mürbe, leiert aus und reißt schneller.

Verwenden Sie kein Reinigungsmittel, das nähme den Steinen ihre Kraft! Klares Wasser zum gelegentlichen Abspülen und ein weiches Tuch zum Trockenreiben sind alles, was Sie benötigen. Wenn sich Kosmetika oder fetthaltige Cremes auf den Steinen abgesetzt haben, verwenden Sie Alkohol, um diese Spuren zu entfernen, und reinigen Sie die Steine danach mit Wasser.

Laden und Entladen der Powerbeads – wozu denn das?

Wenn Sie die positive Wirkung Ihres Powerbeads möglichst lange erhalten wollen, sollten Sie es regelmäßig laden und entladen. Die Steine, aus denen das Powerbead besteht, führen unserem Körper einerseits ihre positive Energie zu – andererseits entziehen sie ihm aber auch negative Energie.

Nun ist das Kräftereservoir der Steine aber nicht unerschöpflich - auch sie brauchen Ruhe zum „Auftanken" neuer Energien und eine Chance, die gesammelten schlechten Energien wieder los zu werden. Bei den meisten Steinen funktioniert das Entladen durch Abspülen mit lauwarmem Wasser – das Aufladen, indem Sie das Powerbead einfach für ein paar Stunden ins Sonnenlicht legen. Dabei sollten Sie aber, gerade bei Kristallen, sehr vorsichtig sein. Der Grund: Ein Kristall kann wie eine Lupe wirken, im Sonnenlicht also sehr schnell seine Umgebung erhitzen und entzünden!

Bei einigen Steinen läuft das Laden und Entladen etwas anders ab – in den folgenden Beschreibungen der einzelnen Powerbeads finden Sie aber die jeweilige Information dazu. Funktioniert das Aufladen nicht mittels Sonnenlicht, verwendet man statt dessen andere Steine. Diese Steine sind meist so genannte Trommelsteine, die Sie für ein paar Mark in jedem guten Edelstein-Laden bekommen.

Tipps zum Steine-Kauf

Wenn Sie Ihre Powerbeads oder auch andere Heilsteine in einem Schmuck- oder Edelsteinladen kaufen, werden Sie garantiert gut beraten und können sicher sein, echte Steine und keine Imitate zu erhalten. Leider gibt es nämlich, besonders bei Powerbeads, eine ganze Menge unseriöser Anbieter, die Ihnen statt Powerbeads aus echten Steinen solche aus Glas oder sogar Plastik anbieten wollen. Einem solchen Powerbead fehlt die Kraft – das ist selbstverständlich!

Die Steine

und ihre Eigenschaften

Amethyst
Intelligenz

Das Powerbead Intelligenz aus dem Stein Amethyst

Der Amethyst erscheint in verschiedenen Violetttönen, von einem sehr hellen bis zum tiefen Dunkel-Violett.

Wirkung Der Amethyst ist einer der ältesten und bekanntesten Steine – schon in der Antike war er wegen seiner vielfältigen Wirkungen sehr begehrt. Sein Name „Amethystos" stammt aus dem Griechischen und bedeutet übersetzt etwa „nüchtern". Mit nüchtern ist in diesem Fall die gedankliche Klarheit, also der „nüchterne Verstand", gemeint, den der Amethyst seinem Träger beschert. Ein nüchterner Verstand lässt Sie in brenzligen Situationen sicherer Entscheidungen treffen und hilft, einen kühlen Kopf zu bewahren. Zudem dient der Amethyst als Linderung bei sehr vielen Hautreizungen, wie etwa Insektenstichen, Ausschlägen oder Pilzinfektionen. Auch als Mittel bei Blutergüssen und oberflächlichen Verletzungen der Haut ist der Amethyst seit Jahrhunderten bewährt.

Besonders wenn Sie unter Migräne oder nervösen Verspannungen leiden, sollte der Amethyst der Stein Ihrer Wahl sein.

Ein weiteres Einsatzfeld des Amethysts sind Bluthochdruck und sein Gegenteil – der manchmal sehr lästige niedrige Blutdruck–, auf die der Amethyst regulierend wirkt.

D er Amethyst passt geradezu ideal **Sternzeichen** zum Sternzeichen der Fische, denn er bringt den Träumer auf den Boden der Tatsachen zurück. Im Zeichen des Schützen oder des Widders geborene Menschen profitieren aber ebenso von ihm, da er dem aufbrausenden Charakter zu einem kühlen Kopf verhilft.

D er Amethyst wird **Chakra** auf dem Scheitelchakra angewandt, wo er besonders bei Kopfschmerzen und Migräne seine beste Wirkung entfalten kann.

Der violette Amethyst bringt verträumte Fische auf den Boden der Tatsachen zurück und hilft aufbrausenden Schützen und Widdern, einen kühlen Kopf zu bewahren. Auf dem Scheitelchakra angewandt, lindert er besonders gut Kopfschmerzen und Migräne. Achtung: Nicht im Sonnenlicht aufladen, sondern zusammen mit anderen Amethyst-Kristallen!

U m das Amethyst-Power- **Pflege** bead zu entladen, legen Sie es einmal monatlich, am besten über Nacht, in ein Schälchen mit Hämatit-Steinen. Haben Sie diese nicht, können Sie es auch einmal monatlich mit lauwarmem Wasser abspülen. Beim Aufladen des Amethyst-Powerbeads müssen Sie beachten, dass dies nicht mit Sonnenlicht geschehen soll, sondern mit einer Gruppe von Amethyst-Kristallen.

Aventurin
Erfolg

Das Powerbead Erfolg aus dem Stein Aventurin

Der Aventurin fällt besonders durch seine kräftige dunkelgrüne, manchmal auch als Meergrün beschriebene Farbe auf, in der sich viele unregelmäßige weiße bis glitzernde Einschlüsse befinden.

Wirkung

Das Aventurin-Powerbead wirkt entspannend und hilft bei der Regeneration, weshalb es zum Beispiel bei Schlafstörungen sehr sinnvoll ist. Zudem fördert es die Selbstbestimmung und die Fähigkeit, bisher nur Erträumtes in die Tat umsetzen zu können. Aus diesem Grund bekam dieses Powerbead auch den Namen „Erfolg".

Darüber hinaus wirkt sich der Aventurin positiv auf den Cholesterinspiegel aus. Dies hilft bei der Vorbeugung von Gefäßverschlüssen – auch als Arteriosklerose bezeichnet – und kann so dem Herzinfarkt vorbeugen. Im chinesischen Kulturkreis wurden dem Aventurin potenzfördernde Eigenschaften zugeschrieben – eine Art antikes Viagra.

Bewährt ist der Aven-

> Der meergrüne Aventurin unterstützt die guten Seiten der Schützen; unruhigen Krebsen hilft er, das Leben leicht zu nehmen. Er fördert die Selbstbestimmung und die Fähigkeit, Träume zu verwirklichen. Auf dem Herz-Chakra angewandt, wirkt er beruhigend und entspannend; dort beugt er dem Herzinfarkt vor.

turin im Einsatz bei Allergien und Hauterkrankungen, bei denen er durch seine schmerzlindernde Wirkung die Symptome mildern kann. Zudem wirkt der Aventurin auch entzündungshemmend.

D as Aventurin-Powerbead passt [**Sternzeichen** besonders gut zu allen Krebsen und Schützen. Während beim Schützegeborenen allgemein alle seine positiven Wesensmerkmale unterstützt und verstärkt werden, wirkt der Aventurin auf den Krebsgeborenen beruhigend und verhilft ihm zu einer entspannteren Lebenseinstellung.

D er Aventurin wird auf dem Herz-Chakra [**Chakra** angewandt und bewirkt dabei eine Herzberuhigung sowie allgemeine Entspannung.

W enn Sie Ihr Aventurin- [**Pflege** Powerbead ständig tragen, sollten Sie es einmal monatlich mit lauwarmem Wasser abspülen, um es zu entladen. Um es wieder aufzuladen, legen Sie es einfach für einige Stunden ins Sonnenlicht.

Bergkristall
Energie

Das Powerbead Energie aus Bergkristall

Der Bergkristall gehört, da er durchsichtig und fast glasklar ist, zu den auffallendsten Steinen.

Wirkung

Als Heil-, Schutz- und Schmuckstein ist der Bergkristall seit Menschengedenken außerordentlich begehrt und um seine wundersame Macht ranken sich zahllose alte und neue Legenden. Tatsache sind jedoch seine überaus starken Heilkräfte, die in einem sehr breiten Spektrum auf unseren Körper und unseren Geist wirken.

So kennt man beispielsweise seine positive und reinigende Auswirkung auf unser Gefäßsystem. Wenn Sie rauchen, vielleicht hin und wieder zu viel und zu fett essen, ist das Bergkristall-Powerbead ideal für Sie. Zugleich sollten Sie aber Ihren Lebenswandel umstellen, denn selbst der mächtige Bergkristall kann Sie nicht vor Erkrankungen schützen, die Sie durch extrem unvernünftige Ess- und Lebensgewohnheiten provozieren!

Der fast glasklare Bergkristall stärkt die Persönlichkeit und die guten Seiten der Löwen. Er reinigt den Körper – ideal für Raucher und unkontrollierte Esser – und den Geist – schlechte Gedankenenergie wird neutralisiert, Sensibilität und Toleranz werden gefördert.

Auch bei Kopfschmerzen und Migräne wirkt der Bergkristall sehr stark. Leiden Sie unter Ausschlägen oder Hautunreinheiten, kann Ihnen das Bergkristall-Powerbead sehr gut helfen – noch besser wirkt aber ein Bergkristall-Stab, den Sie auf die betroffen

Haustellen setzen. Neben den rein körperlichen Aspekten, wirkt sich der Bergkristall auch positiv auf unseren Geist aus. Dort wird er „entgiftend" tätig, neutralisiert schlechte Gedankenenergie und stärkt unser Empfinden für bedeutende und ehrliche Emotionen. Das wiederum hilft Ihnen als Träger eines Bergkristall-Powerbeads, leichter zwischen echten und „unechten" Freunden zu entscheiden und treffsicherer wichtige von unwichtigen Dingen trennen zu können. Der Bergkristall sorgt bei seinem Träger für mehr Sensibilität, Toleranz und Gerechtigkeit in Entscheidungen.

Am meisten profitieren alle im **Sternzeichen** Zeichen des Löwen geborenen Menschen vom Bergkristall-Powerbead, deren Persönlichkeit es stärkt und deren positive Charakterzüge es hervorhebt.

Wegen der vielfältigen positiven Eigenschaften **Chakra** des Bergkristalls können Sie dieses Powerbead grundsätzlich auf allen Chakren anwenden. Besonders intensiv wirkt es allerdings auf dem Scheitelchakra.

Um es zu entladen, legen Sie es einmal monat- **Pflege** lich über Nacht in ein Schälchen mit Hämatit-Steinen. Haben Sie diese nicht zur Hand, können Sie das Powerbead auch einmal monatlich mit lauwarmem Wasser abspülen. Um es wieder aufzuladen, legen Sie es einfach für einige Zeit ins Sonnenlicht.

Blauquarz

Entspannung

Das Powerbead Entspannung aus dem Stein Blauquarz

Der Blauquarz erscheint in Farbstellungen von Hellblau über Hell-violettblau bis Dunkelblau und ist leicht durchscheinend.

Wirkung

Das Powerbead aus Blauquarz hat eine entspannende und krampflösende Wirkung, was sich besonders bei Kopfschmerzen und Migräne positiv bemerkbar macht. Auch bei chronischen Schmerzleiden, etwa in Armen oder Beinen, kann der Blauquarz seine Heilkräfte sehr gut einsetzen. Zudem stärkt er unser Immunsystem, was wiederum, besonders in erkältungslastigen Jahreszeiten, sehr hilfreich bei der Vermeidung oder Linderung von grippalen Infekten und Erkältungskrankheiten ist. Zum Heil- und Schutzstein hat den Blauquarz aber auch seine sehr stark vitalisierende Wirkung auf den Körper gemacht. Dabei kann er seinem Träger sowohl helfen, zu große Anspannung und Stress abzubauen, als auch Erschöpfungszustände nach großen Belastungen zu überwinden. Seine ausgleichende Wirkung auf unseren Geist sorgt für ein sicheres „Wieder-auf-den-Boden-kommen" nach unruhigen, aufregenden oder belastenden Erlebnissen.

Vom Powerbead aus Blauquarz profitieren besonders alle im Zeichen der **Sternzeichen** Jungfrau Geborenen. Bei ihnen unterstützt der Blauquarz die Rückbesinnung auf sich selbst.

Das Blauquarz-Powerbead wird auf dem Stirn- oder dem Halschakra angewandt. Besonders auf dem **Chakra** Stirnchakra kann es seine entspannende Wirkung direkt auf uns ausüben.

Um Ihr Powerbead zu entladen, legen Sie es jede Nacht in eine Schale mit Hämatit-**Pflege** Steinen. Haben Sie diese nicht zur Hand, können Sie es auch einmal wöchentlich unter lauwarmem Wasser abspülen. Um das Powerbead wieder aufzuladen, legen Sie es entweder für einige Stunden ins Sonnenlicht oder über Nacht in ein Schälchen mit Bergkristallen.

Blauquarz hilft Jungfrauen bei der Rückbesinnung auf sich selbst. Ansonsten wirkt er entspannend und krampflösend – Stress wird abgebaut – und stärkt unser Immunsystem – hilfreich bei der Vermeidung oder Linderung von Erkältungskrankheiten. Besonders auf dem Stirnchakra entfaltet er seine entspannende Wirkung.

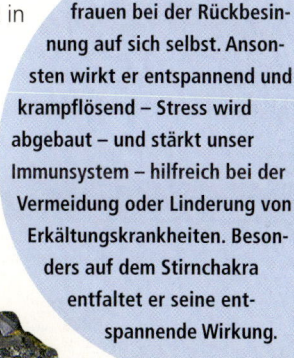

Dumortierit
Freude

Das Powerbead Freude aus dem Stein Dumortierit
Der Dumortierit kommt in verschiedenen kräftigen Blautönen vor. Häufig erscheint er in einem Violett- oder einem sehr dunklen Blau.

Wirkung

Das Dumortierit-Powerbead erleichtert in erster Linie die Konzentration. Zugleich schafft es mehr Lebensfreude, denn der Dumortierit sorgt für eine gute Verbindung zwischen dem Träger des Powerbeads und seiner Umwelt. Eine weitere Eigenschaft des Dumortierits ist seine entspannende Wirkung. Es wird Ihnen leichter fallen, abzuschalten und den Alltag einfach mal „vor der Tür" zu lassen. Wenn Sie also einen wirklich stressigen Job haben, könnte dieses Powerbead genau das richtige für Sie sein.

Das Dumortierit-Powerbead ist aus zwei Gründen auch sehr gut für Kinder geeignet: Zum einen hilft der Dumortierit bei

Der violett- bis dunkelblaue Dumortierit gibt Jungfrauen mehr Wärme und Entspanntheit und hilft Krebsen, ihr Einsiedlertum aufzugeben. Er steigert die Konzentrationsfähigkeit und schafft zugleich mehr Lebensfreude – schalten Sie zur rechten Zeit einfach ab. Entspannung, auch im Schlaf, bringt er besonders auf dem Halschakra.

fiebrigen Erkältungen und Infektionen, die bei Kindern recht häufig vorkommen. Zum anderen lindert er die Beschwerden bei Prellungen und Verstauchungen. Durch seine allgemein entspannende und krampflösende Wirkung bietet sich der Dumortierit aber auch zur Linderung von Kopfschmerzen an.

V om Dumortierit-Powerbead profi-tieren besonders die im Zeichen [**Sternzeichen**
der Jungfrau und des Krebses Geborenen. Während es den Jungfraugeborenen zu mehr Entspanntheit und Wärme ver-hilft, lässt es die Krebsgebore-nen leichter aus der oft selbstgewählten Einsam-keit ausbrechen.

D er Dumortierit [**Chakra**
wird am häu-figsten auf dem Halschakra ange-wandt. Hier sorgt er für Entspan-nung und kann besonders bei Schlafstörungen helfen. Tragen Sie also Ihr Dumortierit-Halsband auch über Nacht.

D as Dumortierit-Powerbead sollten Sie, wenn [**Pflege**
Sie es ständig tragen, einmal wöchentlich mit lauwarmem Wasser abspülen, um es zu entladen. Zum Aufla-den legen Sie es am besten über Nacht in ein Schälchen mit Hämatit-Steinen.

Goldfluss
Vitalität

Das Powerbead Vitalität aus dem Stein Goldfluss

Der Goldfluss erscheint in unterschiedlichen Farbstellungen von Blaulila bis hin zu Rötlichbraun mit zahlreichen glitzernden Einschlüssen.

Wirkung Goldfluss ist kein Stein, sondern eine Form von Glas – ein Kunststein –, um den sich seit dem 16. Jahrhundert zahlreiche Gerüchte ranken. Der Legende nach ist der Goldfluss als Ergebnis der alchemistischen Experimente einiger italienischer Mönche entstanden – ob das allerdings der Wahrheit entspricht, darüber streiten sich Fachleute bis zum heutigen Tage. Unbestritten sind allerdings die sehr positiven Wirkungen des Goldfluss auf Körper und Geist. Besonders bei den so genannten psychosomatischen Störungen, also Krankheitsbildern, die aufgrund psychischer Belastungen auftreten, kann der Goldfluss sehr erfolgreich eingesetzt werden. Sein positiver Einfluss auf unseren gesamten Organismus unterstützt die Heilung von Infektions- und Erkältungskrankheiten, stärkt unser Immunsystem und lässt uns weniger anfällig für „Alltagszipperlein" werden.

Auf unseren Geist wirkt das Powerbead aus Goldfluss klärend und führt zu einer ausgeprägteren Selbstachtung und Selbstakzeptanz. Besonders wenn Sie das eine oder andere Pfündchen zuviel an sich entdecken und damit unzufrieden sind, ist das Goldfluss-Powerbead eine gute Hilfestellung, sich so zu akzeptieren, wie Sie sind. Selbstverständlich sind eine maßvolle Ernährung und ein wenig Sport keinesfalls schädlich, um sich von den ungeliebten Fettpölsterchen zu befreien.

Ähnlich wie das Perlmutt-Powerbead **Sternzeichen** profitieren auch beim Powerbead aus Goldfluss alle zwölf Sternzeichen gleichermaßen von seinen positiven Wirkungen.

Auf welchem Chakra Sie Ihr Power- **Chakra** bead anwenden sollten, hängt von seiner Farbstellung ab. Während das Blau-lilafarbige auf dem Stirnchakra angewendet wird, eignet sich das Rötlichbraune für die Anwendung auf dem Wurzelchakra.

Um Ihr Powerbead **Pflege** zu entladen, legen Sie es einmal monatlich über Nacht in ein Schälchen mit Hämatit-Steinen. Haben Sie diese nicht zur Hand, können Sie es auch einmal monatlich unter lauwarmem Wasser abspülen. Um es wieder aufzuladen, legen Sie es für bis zu vier Stunden ins Sonnenlicht.

Der blaulila bis rötlichbraune, glitzernde Goldfluss hilft allen zwölf Sternzeichen gleichermaßen. Er stärkt unser Immunsystem und unsere Psyche – „Alltagszipperlein" plagen uns weniger, wir akzeptieren uns selbst mit unseren kleinen Fehlern. Der blaulila Goldfluss wird auf dem Stirn-, der rötlichbraune auf dem Wurzelchakra angewandt.

Hämatit

Lebensfreude

Das Powerbead Lebensfreude aus dem Stein Hämatit

Der Hämatit ist ein eher unscheinbarer, undurchsichtiger Stein von grauer bis grauschwarzer Farbe. Auffallend ist sein metallischer Glanz.

Wirkung

Der Hämatit wurde bereits im alten Ägypten als friedenschenkender Stein verehrt. Er findet sich deshalb häufig als Grabbeigabe. Selbst im Sarkophag des berühmten ägyptischen Herrschers Tut-Ench-Amun entdeckte der Archäologe Howard Carter 1923 einige dieser Steine in Form der charakteristischen Skarabäen. Den Namen Lebensfreude hat das Hämatit-Powerbead zurecht bekommen, denn es schenkt seinem Träger merklich mehr Optimismus und Spontanität. Die antiken Ägypter unterstellten dem Hämatit eine „entstrahlende" Wirkung – und meinten das Freimachen von schädlichen, traurig oder depressiv machenden Einflüssen. Von Sorgen befreit, haben wir eine bessere Ausstrahlung, die unsere Mitmenschen natürlich bemerken und zurückgeben. Wenn Sie ein Hämatit-Powerbead tragen, lösen Sie also eine Art „Gute-Laune-Kreislauf" aus!

Der metallisch glänzende Hämatit mäßigt ungestüme Widder und macht intolerante Skorpione kompromissbereiter und diplomatischer. Er kurbelt den Stoffwechsel an, belebt und gibt uns eine befreite Ausstrahlung. Auf dem Wurzelchakra angewandt, neutralisiert er ungünstige äußerliche Einflüsse. Achtung: Verträgt kein Wasser.

Der Hämatit entfaltet aber ebenso seine Wirkung bei der Linderung von Blutergüssen oder dem Stillen kleinerer Blutungen. Grundsätzlich wirkt er sehr positiv auf unseren Blutkreislauf, erleichtert dem Blut die Sauerstoffaufnahme und kurbelt dadurch den gesamten Stoffwechsel an.

So wie der Hämatit „entstrahlend" auf unseren Geist und unsere Emotionen wirkt, so tut er das übrigens auch auf andere Steine. Deshalb wird er auch zum Entladen sehr vieler Steine verwendet.

D as Hämatit-Powerbead passt **Sternzeichen** besonders gut zum Sternzeichen des Widders. Hier wirkt es mäßigend und hilft, nicht zu sehr über die Stränge zu schlagen. Skorpionen verhilft das Hämatit-Powerbead zu mehr Toleranz, Diplomatie und Kompromissbereitschaft.

D er Hämatit wird auf dem **Chakra** Wurzelchakra angewandt, wo er sich schnell in angenehmer Weise bemerkbar macht, ungünstige äußerliche Einflüsse neutralisiert und uns vor ihnen abschirmt.

U m Ihr Hämatit-Powerbead zu entladen, **Pflege** legen Sie es für einige Stunden in ein Schälchen mit kleinen Bergkristallstückchen. Die Bergkristalle entladen den Hämatit und laden ihn zugleich wieder neu auf. Sollte Ihr Powerbead einmal nass werden, trocknen Sie es bitte so schnell wie möglich gründlich ab, denn der Hämatit verträgt kein Wasser!

Helle Jade
Toleranz

Das Powerbead Toleranz aus heller Jade

Die helle Jade erscheint als gelblich bis gelblich-weißer, durchsichtiger Stein.

Wirkung

Die helle Jade, manchmal auch als gelbe Jade bezeichnet, war in Europa bisher ein verhältnismäßig unbekannter Stein. Ganz im Gegensatz dazu ist sie aber in China schon seit Jahrhunderten als Heil-, Schmuck- und Schutzstein sehr begehrt. Aus dem alten China stammen auch die bekannten Wirkungen der hellen Jade, wie etwa ihr sehr lindernder Einfluss bei Krampfadern. Die helle Jade wird bei sehr vielen Krankheitsbildern, die mit Wasseransammlungen im Körper einhergehen, angewandt. Sie ist ebenso geeignet, schwangerschaftsbedingte Wasseransammlungen zu vermindern wie Hämorrhoidal-Leiden zu lindern. Besonders bei der Neigung zu Darmträgheit und Verstopfungen trug man im alten China Halsketten aus heller Jade und das, wie wir aus entsprechenden Überlieferungen wissen, mit großem Erfolg.

Neben den rein körperlichen Wirkungen übt die helle Jade durch ihre mäßigende und beruhigende Wirkung

Die gelblich-weiße Jade hilft misstrauischen Jungfrauen und Krebsen und weltfremden Waagen und Wassermännern, Tuchfühlung zur Realität zu halten. Sie mäßigt zu Wutausbrüchen oder heftigen Gefühlswallungen neigende Geister. Ihre harmonisierende Wirkung entfaltet sie am besten auf dem Nabelchakra.

einen sehr positiven Einfluss auf unseren Geist aus. Wenn Sie beispielsweise zu Wutausbrüchen oder sehr heftigen Gefühlsaufwallungen neigen, sollten Sie das Powerbead aus heller Jade tragen. Es gibt Ihnen eine gewisse Gelassenheit, aus der heraus Sie viele Dinge viel entspannter betrachten können.

Das Powerbead aus heller Jade passt **Sternzeichen** besonders gut zu den Sternzeichen Waage, Krebs, Wassermann und Jungfrau, bei denen es die positiven Charaktereigenschaften verstärkt. Jungfrauen und Krebsen hilft es dabei, das angeborene Misstrauen gegenüber anderen Menschen häufiger zu hinterfragen – bei Waage und Wassermann dagegen stärkt es den Realitätsbezug.

Das Powerbead aus heller Jade wird auf dem Nabelchakra **Chakra** angewandt, wo es seine harmonisierende und ausgleichende Wirkung am besten entfalten kann.

Das Powerbead aus heller Jade **Pflege** folgt keinem festen Rhythmus, nach dem Sie es entladen sollten. Immer dann, wenn die Steine des Powerbeads matt und trüb erscheinen, spülen Sie es unter lauwarmem Wasser ab. Um es wieder aufzuladen, legen Sie es für einige Stunden, am besten aber über Nacht, in ein Schälchen mit Amethysten.

Roter Jaspis
Ausgeglichenheit

**Das Powerbead Ausgeglichenheit
aus rotem Jaspis**

Der Stein Jaspis kommt in sehr unterschiedlichen
Farbvarianten vor, von Gelb über Rotbraun und Rot bis Grün.

Wirkung
Das Powerbead aus rotem Jaspis wirkt harmonisierend und wie eine Art Blitzableiter für alle Arten negativer Energien. Den harmonisierenden Effekt des roten Jaspis werden Sie am ehesten am Arbeitsplatz oder in Ihrer Beziehung bemerken. Vielleicht neigen Sie ja dazu, schnell aufzubrausen oder Kollegen und Partner heftig zu kritisieren? Der rote Jaspis sorgt dafür, dass Sie vieles entspannter sehen und in manchen Situationen verständnisvoller reagieren. Als Folge daraus verändert sich auch das Verhalten anderer Menschen Ihnen gegenüber zum Positiven.

Seit langer Zeit wird der rote Jaspis aber auch wegen seiner blutungsstillenden Wirkung geschätzt und bei kleineren, aber lästigen Blutungen wie Nasenbluten auf die Stirn gelegt.

Der rote Jaspis fördert bei Widdern den Entwicklungsdrang. Allgemein wirkt er wie ein Blitzableiter für negative Energien. Auf dem Wurzelchakra angewandt, beseitigt er innere Verkrampfungen und macht den Geist wieder frei; außerdem stimuliert er beim Sex. Nicht in der Sonne aufladen, sondern über Nacht zusammen mit Bergkristallen!

Das Powerbead aus rotem **Sternzeichen**
Jaspis passt hervorragend
zu allen im Zeichen des Widders geborenen Menschen, bei
denen es positive Charakterzüge verstärkt – besonders aber
den Wunsch, sich ständig weiterzuentwickeln und in Bewegung zu bleiben.

45

Der rote Jaspis ist besonders wirkungsvoll, wenn **Chakra**
er auf dem Wurzelchakra angewandt wird. Auf
diesem Chakra beseitigt er emotionale und intellektuelle Verkrampfungen und macht unseren Geist damit für neue wichtige Dinge aufnahmebereit. Ein sicherlich inter-
essanter Nebeneffekt ist dabei übrigens seine
positive und anregende Wirkung auf unser
Sexleben!

Entladen wird das Power- **Pflege**
bead aus rotem Jaspis
nach jedem Gebrauch, am besten aber über
Nacht, in einem Schälchen mit Hämatit-Steinen. Haben Sie diese nicht zur Verfügung, können Sie es auch durch Abspülen mit lauwarmem
Wasser entladen. Das Powerbead aus rotem Jaspis
dürfen Sie nicht an der Sonne wieder aufladen. Sie
legen es stattdessen über Nacht in eine Bergkristall-Grup-
pe. Da der rote Jaspis den Bergkristallen aber sehr viel Energie
entzieht, müssen Sie diese anschließend wieder aufladen.
Legen Sie sie dazu für einige Stunden ins Sonnenlicht.

Katzenauge
Glück

Das Powerbead Glück aus dem Stein Katzenauge
Das Katzenauge erscheint in unterschiedlichen grünlich oder rotbräunlich schimmernden Farbtönen.

Wirkung Das Powerbead aus dem Stein Katzenauge ist in gewisser Weise mit dem aus Tigerauge verwandt, hat aber etwas andere Eigenschaften. Besonders günstig wirkt es sich auf unsere Atemwege bis hinunter zu den Bronchien aus. Deshalb ist es besonders bei Erkältungen und Husten, aber auch bei asthmatischen Erkrankungen sehr empfehlenswert. Zudem wirkt das Katzenauge entspannend auf unsere gesamte Muskulatur, was wiederum einen positiven Einfluss auf die Bewegungsabläufe des Körpers hat. Seinen Namen trägt dieses Powerbead zum einen aufgrund seines Leuchtens, das an die Augen einer Katze erinnert, zum anderen, weil das Katzenauge unsere Konzentrationsfähigkeit in allen Lebenslagen verbessert und uns damit, besonders in schwierigen Situationen, Glück haben lässt. Wenn Sie beispielsweise vor wichtigen Prüfungen oder Gesprächen stehen, sollten Sie das Powerbead aus Katzenauge tragen.

Vom Powerbead aus Katzen- **Sternzeichen**
auge profitieren die im Zei-
chen des Skorpions Geborenen am meisten. Ihnen hilft es, sich
schneller und damit auch wirkungsvoller zu entspannen.

Das Katzenauge wird auf dem Wurzelcha- **Chakra**
kra angewandt, wo es seine Wirkung auf
das Selbstvertrauen am besten entfalten kann.

Um Ihr Powerbead aus Katzenauge zu entladen, **Pflege**
legen Sie es über Nacht in ein Schälchen mit
Hämatit-Steinen. Haben Sie diese nicht zur Hand, spülen Sie
es einmal wöchentlich unter lauwarmem Wasser ab. Um es
wieder aufzuladen, legen Sie es für zwei bis drei Stunden mit
einigen Bergkristallen in eine Schale.

Das grünlich oder rotbräunlich schimmernde Katzenauge hilft Skorpionen auszuspannen und ihrer Muskulatur zu entspannen. Es fördert die Konzentrationsfähigkeit – z.B. bei Prüfungen – und ist außerdem gut bei Asthma und Erkältungen. Auf dem Wurzelchakra angewandt, hebt es das Selbstvertrauen.

Lapislazuli

Weisheit

Das Powerbead Weisheit aus dem Stein Lapislazuli

Der Lapislazuli ist ein auffallender hell- bis dunkelblauer Stein, der auch mit golden schimmernden Einschlüssen vorkommt.

Wirkung

Der auffallende blaue Lapislazuli hebt das Selbstwertgefühl misstrauischer und gehemmter Schützen. Er löst Krämpfe sowie intellektuelle und emotionale Blockaden – zwischenmenschliche Kontakte fallen leichter. Außerdem lindert er Hautreizungen, z. B. durch Ausschläge, Sonnenbrand oder Insektenstiche – ideal für den Sommerurlaub.

Der Lapislazuli ist ein seit Urzeiten bekannter und hochgeschätzter Heil-, Schutz- und Schmuckstein, der mit seinen sehr starken Schwingungen vielseitige Wirkungen auf uns hat. Bekannt ist er für seine krampflösenden Eigenschaften, was ihn besonders bei starken Kopfschmerzen und Migräne empfehlenswert macht. Zudem wirkt er lindernd bei Ausschlägen und Allergien sowie bei Hautreizungen, etwa durch einen Sonnenbrand oder Insektenstiche. Schon alleine dadurch ist das Powerbead aus Lapislazuli ein idealer Begleiter auf Reisen in südliche Länder. Darüber hinaus hilft uns der Lapislazuli, intellektuelle und emotionale Blockaden abzubauen und offener und entspannter auf andere Menschen zuzugehen. Das wiederum

hat zur Folge, dass sich unsere Kontaktbereitschaft erhöht und wir schneller Bekanntschaften und Freundschaften schließen. Wenn Sie ein Mensch sind, dem es etwas schwerer fällt, neue zwischenmenschliche Kontakte zu knüpfen, und der seine Umgebung eher misstrauisch betrachtet, ist das Powerbead aus Lapislazuli ideal für Sie. Besonders Menschen mit häufigen Selbstzweifeln und Hemmungen profitieren sehr vom Lapislazuli, denn er stärkt das Selbstvertrauen und hilft, das gewisse Etwas an Optimismus zu empfinden und auch auszustrahlen.

Vom Powerbead aus Lapislazuli profitieren besonders die im Zeichen des Schützen Geborenen, denen es zu einer besseren Selbsteinschätzung und zu mehr Selbstwertgefühl verhilft.

Sternzeichen

Der Lapislazuli wird auf dem Stirn- und dem Halschakra angewandt, wo er uns seine starken Schwingungen am besten mitteilen kann.

Chakra

Um Ihr Powerbead aus Lapislazuli zu entladen, legen Sie es einmal monatlich, am besten über Nacht, in ein Schälchen mit Hämatit-Steinen. Um es wieder aufzuladen, können Sie es einfach für einige Stunden ins Sonnenlicht legen.

Pflege

Onyx

Willenskraft

Das Powerbead Willenskraft aus dem Stein Onyx

Der Onyx ist eigentlich ein Achat und fällt durch seine tief-schwarze, geheimnisvoll schimmernde Farbe auf. Obwohl er normalerweise einfarbig schwarz ist, gibt es ihn auch mit streifigen weißen und braunroten Einschlüssen.

Wirkung

Auch der Onyx ist einer der seit der Antike bekann-ten Heilsteine und wurde vom antiken Griechen-land bis an die Grenze der Neuzeit häufig als Schutzstein gegen Hexenzauber und Seuchen verwendet.

Seine Fähigkeit, Leiden wie beispielsweise Hautpilz-erkrankungen oder Ausschläge zu lindern, ist ebenso bekannt wie seine entkrampfende Wirkung, die besonders Menschen interessieren dürfte, die leicht frösteln oder frieren. Der Onyx besitzt eine durchblutungsfördernde Wir-kung, was zu guter Letzt auch dem Aussehen der Haut zu Gute kommt.

Darüber hinaus wirkt das Onyx-Powerbead sehr positiv auf die Zusam-menarbeit und Harmonie zwischen Körper und Geist. Der Onyx schafft so mehr Verständnis für uns selbst, was zu mehr geistiger und körperli-cher Stabilität im täglichen Leben und dadurch auch zu mehr Willens-kraft und Durchsetzungsvermö-gen führt.

Das Onyx-Powerbead passt hervorragend zu allen im Zeichen des **Sternzeichen**
Steinbocks geborenen Menschen, denen es mehr Entscheidungsdynamik gibt. Aber auch die Wassermanngeborenen profitieren durch mehr Gelassenheit vom Onyx-Powerbead.

Der Onyx ist, was die Chakra-Anwendung angeht, **Chakra**
ein echter Ausnahmefall. Grundsätzlich eignet er sich nämlich für die Anwendung auf allen Chakren. Da er aber ein äußerst wirksamer und stark schwingender Stein ist, sollten Sie ihn immer zusammen mit einem Bergkristall verwenden, der das starke Energiepotential des Onyx wieder etwas auffängt.

Wenn Sie Ihr Onyx-Powerbead täglich tragen, sollten Sie **Pflege**
es einmal wöchentlich und am besten über Nacht in ein Schälchen mit Hämatit-Steinen legen, um es zu entladen. Haben Sie diese nicht zur Hand, können Sie das Powerbead zum Entladen auch einmal wöchentlich unter lauwarmem Wasser abspülen. Aufgeladen wird das Powerbead, indem Sie es für einige Stunden zusammen mit Bergkristallen in ein Schälchen legen.

Der geheimnisvolle, tiefschwarze Onyx verleiht zögerlichen Steinböcken schnellere Entschlusskraft und Wassermännern mehr Gelassenheit. Er fördert die Durchblutung und hilft so Menschen, die leicht frieren. Wunden heilen schneller. Den Onyx immer zusammen mit Bergkristallen verwenden; auch aufgeladen wird er zusammen mit Bergkristallen.

Perlmutt
Reichtum

Das Powerbead Reichtum aus Perlmutt
Perlmutt erscheint weißlich schimmernd und perlenfarbig.

Wirkung Perlmutt wird bereits seit Jahrhunderten wegen seiner krampflösenden Wirkung genutzt. Zudem wirkt es sich sehr positiv auf das Zahnfleisch und die gesamte Mundflora aus, weshalb es besonders bei Reizungen oder Entzündungen der Mundschleimhaut und des Zahnfleisches eingesetzt wird. Perlmutt wirkt sehr beruhigend und ordnend auf unsere Psyche. Das macht sich in gesteigerter Konzentrationsfähigkeit und der souveränen Bewältigung von Stresssituationen bemerkbar. Eine Beruhigung des Geistes führt zu bewussterer Auseinandersetzung mit der Umwelt und schließlich auch zu einer objektiveren Selbstbetrachtung. Perlmutt wirkt auf diese Weise fördernd auf unser Selbstbewusstsein – besonders wenn dieses

Der schillernde Perlmutt hilft allen zwölf Sternzeichen gleichermaßen. Er wirkt beruhigend und ordnend auf die Psyche, besonders auf ein „angeknackstes" Selbstbewusstsein, und steigert die Konzentrationsfähigkeit – Stresssituationen werden leichter bewältigt. Zum Aufladen in ein Schälchen aus Seeopal legen.

durch verschiedene Erlebnisse „angeknackst" ist. Der Name „Reichtum" ist gerechtfertigt, denn geistige Ausgeglichenheit in Verbindung mit guter Konzentrationsfähigkeit und einem gesunden Selbstbewusstsein sind ja durchaus sehr gute Voraussetzungen, um neben geistigem auch materiellen Reichtum zu erwerben.

Das Powerbead aus Perlmutt **Sternzeichen** nimmt, was die Zuordnung zu einem bestimmten Sternzeichen angeht, eine Sonderstellung ein. Interessanterweise profitieren nämlich ohne Ausnahme alle zwölf Sternzeichen gleichermaßen von den positiven Eigenschaften des Perlmutts.

Auch was die Anwendung auf einem bestimmten **Chakra** Chakra angeht, ist das Perlmutt-Powerbead ein Sonderfall, da es sich zur Anwendung auf allen Chakren unseres Körpers eignet.

Um Ihr Perlmutt-Powerbead zu **Pflege** entladen, legen Sie es einmal monatlich, am besten über Nacht, in ein Schälchen mit Hämatit-Steinen. Um es wieder aufzuladen, legen Sie es, ebenfalls über Nacht, in ein Schälchen mit Seeopal, einer Muschelart, die Sie in guten Steinläden erhalten.

Rosenquarz
Liebe

Das Powerbead Liebe aus dem Stein Rosenquarz
Der Rosenquarz ist sehr leicht durch seine rosa Färbung
zu erkennen und normalerweise durchscheinend.

Wirkung Das Rosenquarz-Powerbead erfreut sich besonderer Beliebtheit – was sicherlich auch daran liegt, dass es von Prominenten wie Madonna in der Öffentlichkeit getragen wird. Gerade der Rosenquarz scheint ein echter Modestein zu sein, doch er ist schon seit der Antike ein hochgeschätzter Schmuck-, Schutz- und Heilstein, der Stein des Herzens, der Liebe und nicht zuletzt auch der Erotik. Rosenquarz steigert unsere sexuelle Vitalität und wirkt gleichzeitig harmonisierend. Wenn Sie in einer Partnerschaft leben, kann das Rosenquarz-Powerbead dieser also neue Impulse geben – sind Sie dagegen Single und wünschen sich eine Beziehung, wird das Powerbead es Ihnen erleichtern, den richtigen Partner zu finden. Auch im Fall einer eben erst und vielleicht unglücklich zu Ende gegangenen Liebesbeziehung wirkt der Rosenquarz wahre Wunder. Er verscheucht depressive Gedanken, die allseits bekannten „Herzschmerzen" und macht es Ihnen leicht, sich neuen Gefühlen für andere Menschen hinzugeben.

Das Rosenquarz-Powerbead hat noch weitere Eigenschaften, die sehr weit über die reine Liebe hinausgehen. So wird es zum Beispiel häufig dazu verwendet, Kopfschmerzen zu lindern. Es wirkt darüber hinaus belebend auf unser Herz-Kreislauf-System.

Das Rosenquarz-Powerbead **Sternzeichen** passt am besten zu im Zeichen des Stiers geborenen Menschen, denen es mehr Offenheit gegenüber ihrer Umwelt und ihren Mitmenschen verschafft. Aber auch die im Zeichen des Schützen Geborenen profitieren von diesem Powerbead, denn es gibt ihnen die manchmal so nötige Beständigkeit.

Der Rosenquarz wird bevorzugt auf dem Herzchakra **Chakra** angewandt, wo er sowohl unsere Emotionen für andere Menschen verstärkt, als auch hilft, erlittenes Liebesleid schnell zu lindern.

Um Ihr Rosenquarz-Power- **Pflege** bead zu entladen, legen Sie es einmal monatlich, am besten über Nacht, in ein Schälchen mit Hämatit-Steinen. Haben Sie diese nicht zur Hand, können Sie das Powerbead auch zweiwöchentlich mit lauwarmem Wasser abspülen.

Um Ihr Powerbead wieder aufzuladen, legen Sie es für ein paar Stunden zusammen mit einem Bergkristall und einem Amethyst in ein Schälchen.

Rosenquarz öffnet verschlossene Stiere gegenüber ihrer Umwelt und gibt Schützen die nötige Beständigkeit. Er ist der Stein des Herzens, der Liebe und der Erotik. Auf dem Herzchakra angewandt, vertreibt er bei Liebeskummer depressive Gedanken und öffnet für neue Gefühle. Aufzuladen zusammen mit Bergkristall und Amethyst.

Schneeflocken-Obsidian

Ausdauer

**Das Powerbead Ausdauer aus
dem Stein Schneeflockenobsidian**

Der Schneeflockenobsidian ist ein schwarzer Stein mit
unregelmäßigen weißen, schneeflockenähnlichen Einspreng-
seln. Es gibt aber auch Powerbeads aus reinem schwarzem
Obsidian.

Wirkung

Der Schneeflockenobsidian hat seine beson-
dere Stärke in der Abwehr von Infektionser-
regern. Er bewährt sich dabei sowohl, wenn es um die Vermeidung oder Linderung von Hautpilzen oder entzündlichen
Ausschlägen geht, als auch bei der Abwehr von Darmerkran-
kungen durch Viren. Er unterstützt im Übrigen ganz allgemein
unseren Stoffwechsel, was zu mehr Wohlbefinden und kör-
perlicher Fitness führt. Durch seine positive und anregende
Wirkung auf unseren Blutkreislauf aktiviert er unser
Immunsystem und macht uns weniger anfällig für typi-
sche Zivilisationskrankheiten, die meist
mit Gefäßverengungen ein-
hergehen. Der aktivere
Blutkreislauf hat
besonders für

**Der schwarz-weiß
gescheckte Schneeflocken-
obsidian verstärkt die ausgleichenden Kräfte der Waagen. Allgemein regt er den Blutkreislauf an –
Menschen mit chronisch kalten Füßen
werden es ihm danken – und aktiviert
unser Immunsystem. Er fördert die
Selbsterkenntnis und holt Ver-
drängtes aus dem Unter-
bewusstsein.**

Menschen mit ständig kalten Füßen einen sehr angenehmen Nebeneffekt. Tragen Sie Ihr Powerbead einfach einmal eine Zeitlang am Fußgelenk, und Sie werden merken, wie Ihre kalten Füße wieder wärmer werden!

Darüber hinaus ist der Schneeflockenobsidian förderlich für unsere Selbsterkenntnis. Er hilft uns, viele Dinge und Vorgänge, die wir ins Unbewusste verdrängen oder tatsächlich nur unbewusst wahrnehmen, bewusst zu erkennen und besser verstehen zu können.

Sternzeichen

Speziell die Waagegeborenen profitieren von einem Powerbead aus Schneeflockenobsidian, deren ausgleichenden Charakter es positiv verstärkt.

Chakra

Das Powerbead aus Schneeflockenobsidian wird sowohl auf dem Stirn- als auch auf dem Nabelchakra angewandt, von wo aus unser Körper die starken Schwingungen dieses Steins am besten aufnehmen kann.

Pflege

Um Ihr Powerbead zu entladen, legen Sie es einmal monatlich, am besten über Nacht, in ein Schälchen mit Hämatit-Steinen. Haben Sie diese nicht zur Hand, können Sie es auch durch einmal monatliches Abspülen mit lauwarmem Wasser entladen. Um das Powerbead wieder aufzuladen, können Sie es über Nacht in ein Schälchen mit Bergkristallen legen. Haben Sie keine Bergkristalle, legen Sie das Powerbead einfach für einige Stunden ins Sonnenlicht.

Sodalith
Selbstvertrauen

**Das Powerbead Selbstvertrauen
aus dem Stein Sodalith**

Der Sodalith ist ein auffallend blau bis blau-violetter Stein
mit teilweise sehr deutlichen weißen Einschlüssen.

Wirkung Der Sodalith ist ein seit dem antiken Grie-
chenland bekannter Heil-, Schutz- und
Schmuckstein, der seinen Namen – Salzstein – auch in dieser
Epoche bekam. Auch bedingt durch seinen sehr hohen Gehalt
an Mineralien wie Salz, Kalzium und Zink hat er eine sehr positive Wirkung auf alle Drüsen des Körpers. Im Falle der Schild-
drüse ist dies besonders wichtig, denn sie ist hauptver-
antwortlich für unseren Stoffwechsel. Darüber hinaus zeigt der Sodalith eine blutdrucksenkende
Wirkung, was als Resultat wiederum unsere
Blutgefäße und das Herz schützt. Durch seinen
unterstützenden Einfluss auf die Lymphdrüsen
hilft er unserem Körper zudem bei der Bewältigung von Infektionskrankheiten. Außerdem
unterstützt das Powerbead aus Sodalith unser
psychisches Gleichgewicht und schafft so eine
gute Basis für mehr Selbstwertgefühl und Selbstbewusstsein. Wenn Sie ein eher schüchterner
Mensch sind, der häufig unter Selbstzweifeln und der
Angst vor Ablehnung leidet, ist das Powerbead aus Sodalith
ideal für Sie. Neben dem Aufbau von mehr Selbstvertrauen
unterstützt der Sodalith aber auch Ihre Konzentration und
schafft damit Raum für die Entfaltung Ihrer Kreativität.

Besonders die im Zeichen des Sternzeichen Schützen Geborenen profitieren vom Powerbead aus Sodalith. Ihnen hilft er, die manchmal sehr engen und vor allem oft selbstauferlegten Grenzen des eigenen Bewusstseins zu überspringen.

Ihr Powerbead können Sie sowohl auf dem Stirn- als auch Chakra auf dem Halschakra anwenden. Auf dem Stirnchakra angewandt, kann der Sodalith seine die Psyche betreffenden Fähigkeiten sehr gut einsetzen, auf dem Halschakra kommen dagegen eher die Wirkungen auf unsere Drüsen zur Geltung.

Ihr Powerbead entladen Pflege Sie am besten, indem Sie es einmal wöchentlich über Nacht in ein Schälchen mit Hämatit-Steinen legen. Haben Sie diese nicht zur Hand, können Sie es auch einmal wöchentlich unter lauwarmem Wasser abspülen. Um es wieder aufzuladen, legen Sie es, ebenfalls am besten über Nacht, zusammen mit Bergkristallen in eine Glasschüssel mit Wasser.

> Der blau-weiße Sodalith hilft schüchternen Schützen, die engen Grenzen ihres Bewusstseins zu überspringen. Auf dem Halschakra angewandt, wirkt er über Schilddrüse und Lymphdrüsen fördernd auf Stoffwechsel und Immunsystem. Über das Stirnchakra stabilisiert er unser psychisches Gleichgewicht. Aufladen im Wasser, zusammen mit Bergkristallen.

Tigerauge
Kreativität

Das Powerbead Kreativität aus dem Stein Tigerauge

Der Stein Tigerauge fällt durch seinen gold-samtigen Glanz und seine Bänderung auf, die ein bisschen an das Auge eines Tigers erinnert.

Wirkung

Das Tigeraugen-Powerbead hat sehr vielfältige Eigenschaften – seine Hauptwirkung ist aber sicherlich das „Schärfen des Blickes" für Wesentliches, aber auch für drohende Gefahren. Diese Eigenschaft war bereits im frühen Mittelalter bekannt. Man versuchte, sich mit dem Tigerauge vor bösen Blicken und dem Zauber von Hexen zu schützen. Das Tigerauge schärft tatsächlich den Blick für Gefahren – heute handelt es sich aber eher um Gefahren des Alltags, wie etwa finanzielle Transaktionen oder Geschäfte. Hier wirkt das Tigerauge beruhigend, gibt dem Träger das nötige Misstrauen und ermöglicht die manchmal so wichtige Bedenkzeit vor einer Entscheidung. Auch vor und bei wichtigen Prüfungen oder Gesprächen wirkt das Tigerauge durch seinen konzentrationsfördernden Einfluss sehr positiv.

Ebenso wie der Amethyst hat auch das Tigerauge eine sehr gute Wirkung bei Kopfschmerzen und Migräne.

Das gold-samtig glänzende Tigerauge schärft besonders bei Löwen und Zwillingen den Blick für Wesentliches und für drohende Gefahren. Es fördert die Konzentration und verleiht das nötige Misstrauen vor wichtigen Entscheidungen. Außerdem hilft es bei Kopfschmerzen und Migräne. Anzuwenden auf dem Nabelchakra.

Eine weitere Eigenschaft des Tigerauges ist seine positive Wirkung auf unsere Bewegungskoordination und unsere Moto-
rik. Bei Problemen, die von Knochen und Gelenken ausge-
hen, kann das Tigerauge ebenfalls sehr hilfreich sein,
denn es lindert etwa Beschwerden, die von
falscher und verkrampfter Körperhaltung ausge-
hen. Grundsätzlich sollten Sie das Tigeraugen-
Powerbead nicht ständig, also höchstens ein
paar Tage hintereinander, tragen und dann
einige Tage lang pausieren.

Das Tigeraugen- **Sternzeichen**
Powerbead ist
sowohl für die Zwillings- als auch für die Löwege-
borenen geradezu ideal. Bei beiden Sternzeichen sorgt es für ein Plus an geistiger Beweg-
lichkeit, eine bessere Auffassungsgabe und
nicht zuletzt für eine klarere Selbsteinschätzung.

Das Tigerauge wird auf dem Nabelchakra angewandt **Chakra**
und kann dort seine klärende und selbstbewusstseins-
fördernde Wirkung am besten entfalten.

Sie sollten das Tigeraugen-Powerbead nicht **Pflege**
ununterbrochen tragen, sondern immer ein
paar Tage pausieren. Nach dem Tragen entladen Sie das
Powerbead am besten, indem Sie es über Nacht in ein Schälchen mit Hämatit-Steinen legen. Haben Sie diese nicht zur
Hand, können Sie das Powerbead auch unter lauwarmem
Wasser abwaschen. Um es wieder aufzuladen, legen Sie es
einfach ein paar Stunden ins Sonnenlicht.

Türkis
═ Gesundheit

Das Powerbead Gesundheit aus dem Stein Türkis

Der Türkis ist sicherlich einer der auffallendsten Steine überhaupt - seine durchdringend blaue Färbung macht ihn seit Jahrhunderten zu einem begehrten Schmuckstein.

Wirkung Das Türkis-Powerbead hat sehr vielfältige Wirkungen – eine hervorstechende Eigenschaft des Türkis ist aber, dass er das Selbstvertrauen des Trägers sehr positiv beeinflusst. Vielleicht sind Sie ja ein eher zurückhaltender Mensch, der sich in privaten oder geschäftlichen Diskussionen nicht durchzusetzen traut? Dann ist das Türkis-Powerbead genau richtig für Sie, denn es steigert Ihre Selbstsicherheit. So können Sie anderen Menschen gegenüber ungehemmter auftreten. Als sehr wichtigen Nebeneffekt unterstützt der Türkis aber auch Ihre Kreativität und Ihren Tatendrang – in Verbindung mit mehr Selbstvertrauen ist das eine sehr gute Voraussetzung, um beruflich erfolgreich zu ein. Die

Türkis enthemmt zurückhaltende und unentschlossene Fische und gibt ihnen gedankliche Klarheit. Er stärkt das Selbstvertrauen und beflügelt Kreativität und Tatendrang. Auf dem Halschakra angewandt, hilft er bei Atemwegserkrankungen. Den Türkis nicht dauernder Sonnenbestrahlung und Hitze aussetzen. Achtung: Verträgt keine Seifen und Säuren.

Wirkungen des Türkis auf unseren Körper sind ebenfalls sehr vielfältig – häufig wird er vor allem zur Linderung der Symptome bei Atemwegs- und Halserkrankungen eingesetzt. Auch bei Hautunreinheiten und Pickeln sowie leichten Ausschlägen wird der Türkis erfolgreich angewandt. Von alters her wird er als Stein der Stärke und Vitalität angesehen, was seinen Grund in der sehr positiven Wirkung des Türkis auf den Stoffwechsel unseres Körpers hat.

Das Türkis-Powerbead passt besonders gut zum Sternzeichen der Fische, denen es mehr gedankliche Klarheit und Entschlusskraft verschafft. **Sternzeichen**

Der Türkis wird auf dem Halschakra angewandt, wo er hilft, Erkrankungen dieser Körperregion zu lindern, und zugleich unsere intuitiven Kräfte beflügelt. **Chakra**

Um das Türkis-Powerbead zu entladen, legen Sie es einmal monatlich, am besten über Nacht, in ein Schälchen mit Hämatit-Steinen. Um es wieder aufzuladen legen Sie es, ebenfalls über Nacht, in eine Gruppe von Bergkristallen. Grundsätzlich sollten Sie vermeiden, den Türkis zu großer Hitze und ständiger Sonnenbestrahlung auszusetzen, weil er dadurch leicht brüchig und unansehnlich wird. Besonders empfindlich reagiert Ihr Türkis-Powerbead aber auf so gut wie alle Säuren und viele Seifenverbindungen. **Pflege**

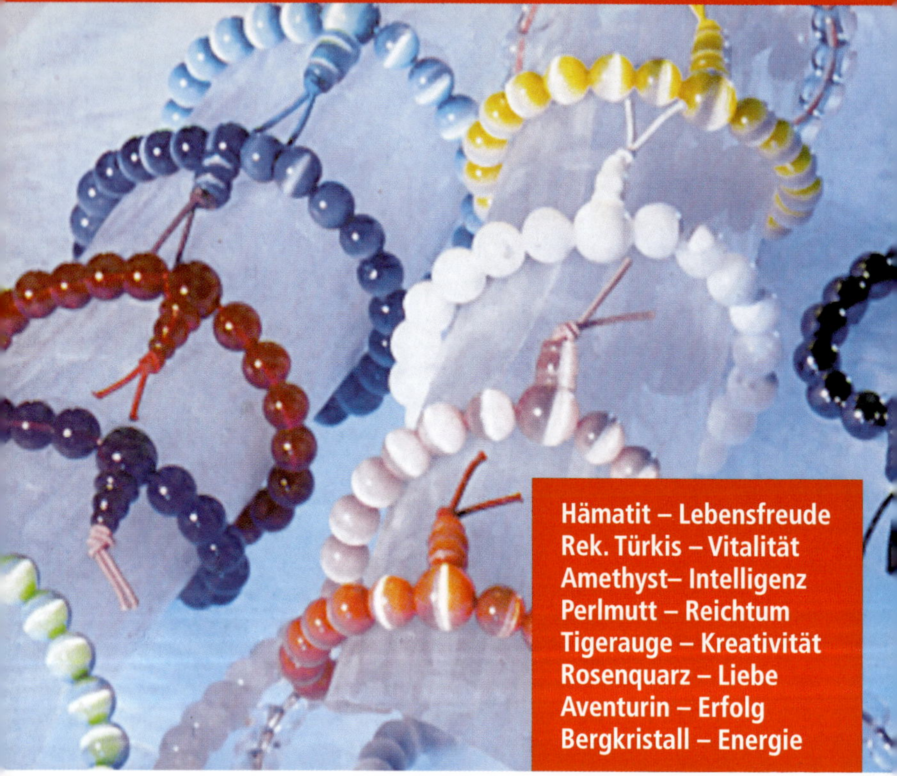